AF672205

Fachwissenschaftliches Journal

Dr. Udo Oberschmidt

Zur Legalität der Schatzsuche mit dem Metalldetektor in Niedersachsen

Institut für Deutsche Geschichte
(IDG)

Bibliografische Information der Deutschen Nationalbibliothek:

Die Deutsche Nationalbibliothek verzeichnet diese Publikation in der Deutschen Nationalbibliografie; detaillierte bibliografische Daten sind im Internet über http://dnb.d-nb.de abrufbar.

Herausgeber:
Institut für Deutsche Geschichte (IDG)
IDG Außenstelle Königstein/Hauptgebäude
61462 Königstein
www.geschichtsinstitut.de

Fachwissenschaftliches Journal
ISSN 2747-7142
ISBN 978-3-947254-08-8

Dr. Udo Oberschmidt

Zur Legalität der Schatzsuche mit dem Metalldetektor in Niedersachsen

Inhalt

Vorstellung

Institut für Deutsche Geschichte

Das Institut für Deutsche Geschichte (IDG) ist eine international tätige wissenschaftliche Forschungseinrichtung, die 1958 in Frankfurt am Main gegründet wurde und bis heute historische und geschichtliche Nachforschungen betreibt.

Im Zentrum der Forschung des IDG stehen Fragen nach historischen Zäsuren und Kontinuitäten, Transformationsprozessen, Geschichtspolitik und Vergangenheitsbewältigung, Phänomenen inter- und transnationaler sowie interkonfessioneller Verflechtung und deren nationalen, regionalen sowie lokalen Rückwirkungen.

Die Archäologie ist eine Wissenschaft, die mit naturwissenschaftlichen und geisteswissenschaftlichen Methoden die kulturelle Entwicklung der Menschheit erforscht. Das Institut für Deutsche Geschichte (IDG) sieht seine Aufgabe in der deutschlandweiten archäologisch-altertumswissenschaftlichen Forschung.

Mit seinen Forschungsprojekten schafft das IDG eine wichtige Grundlage für den Erhalt des kulturellen Erbes in Deutschland.

Institut für Deutsche Geschichte
INSTITUTUM HISTORIA GERMANICUM

Zur Legalität der Schatzsuche mit dem Metalldetektor in Niedersachsen

Nachfolgend wird die denkmalschutzrechtliche Situation für Sondengänger in Niedersachsen wiedergegeben. Sie unterscheidet sich je nach Bundesland, da jedes Bundesland den Denkmalbegriff anders definiert.

Die Schatzsuche ist rechtlich gesehen nicht bloß die Suche nach der mit Goldmünzen vergrabenen Schatztruhe eines Seeräubers, sondern bereits die Suche nach einer Coca-Cola Dose, die Suche nach dem in Deutschland drei millionsten vorhandenen Reichspfennig von 1898 oder der Suche nach im Wald verlorenen Patronenhülsen. Dabei wird nicht unterschieden, wie die Suche erfolgt. Ob mit den bloßen Augen, einer Wünschelrute, dem zufälligen Graben mit einer Schaufel oder unter Zuhilfenahme eines Metalldetektors.

Nach der Legaldefinition aus § 984 BGB ist nämlich ein Schatz schlicht „eine Sache, die so lange verborgen gelegen hat, dass der Eigentümer nicht mehr zu ermitteln ist". Und dies trifft auf Müll im Waldboden genauso zu, wie auf einen vor Jahrhunderten vergrabenen Stoffbeutel, prall gefüllt mit Silbermünzen. Wer also nach Schätzen sucht, der sucht und findet in Wahrheit zu mehr als 99,9% Müll. Alte Coca-Cola Dosen und Trinkverpackungen eines Produktes, das damals noch „Capri-Sonne" hieß, unzählige verrostete Nägel,

Maschendrahtzaunreste im Waldboden eines ehemaligen Zaunes, um junge Bäume vor Wildfrass zu schützen. Vergrabene Chips-Tüten, leere Patronenhülsen und ein Hort von 20 Kronkorken neben einem Hochsitz, wahrscheinlich von einem trinkfreudigen Jäger - eine Hundemarke, undefinierbares verrostetes und bröckeliges Metall, ein zerkratzter Reichspfennig von 1898. Hunderte Millionen Mal geprägt, Wert bei sehr schöner Erhaltung mit nur wenigen Kratzern: 1,60€. Es sind diese Schätze, die die Karriere eines Sondengängers zeichnen. Vor allem, da ein Metalldetektor nur Metall anzeigen kann und dies auch nur bis zu einer Tiefe von 25 cm bei einem Objekt wie einer großen Münze. Die Vorstellung dessen, was der ganz normale Sondengänger findet, klaffen zwischen Archäologenaussagen wie „Sie plündern unser archäologisches Erbe“ und der nüchternen Betrachtung der mit kiloschwerem Metallschrott gefüllten Fundtüte weit auseinander. Wenn also von Schatzsuche die Rede ist, so ist rechtlich die Suche nach Sachen gemeint, die so lange verborgen lagen, dass der Eigentümer nicht mehr zu ermitteln ist. Dies gilt für Niedersachsen als auch für das gesamte Bundesgebiet, da diese Definition im Bürgerlichen Gesetzbuch begründet wird.

In Niedersachsen ist gemäß § 12 (1) Niedersächsisches Denkmalschutzgesetz (DSchG ND) die Suche nach Kulturdenkmalen mithilfe eines Metalldetektors genehmigungspflichtig – und zwar genau diese spezielle Suche. Inwiefern kollidiert also die Schatzsuche hier mit dem DSchG ND? (Alle Paragrafen ohne Zusatz beziehen sich auf das DSchG ND)

1. Übersicht der Kulturdenkmalkategorien

Dazu eine kurze Übersicht, was Kulturdenkmale sind. Das DSchG ND unterscheidet nach § 3 Kulturdenkmale in 4 Kategorien: Baudenkmale, Bodendenkmale, bewegliche Denkmale und Denkmale der Erdgeschichte.

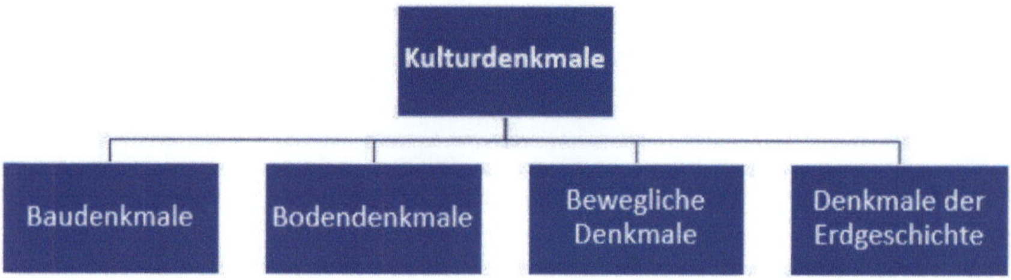

Abbildung 1: Übersicht der Kulturdenkmalkategorien

Mithilfe eines Metalldetektors ist es praktisch unmöglich, nach einem Baudenkmal zu suchen, da dieses metallisch und im Boden verborgen sein müsste, es jedoch obertägig vorhanden ist. Es spielt somit keine Rolle bei der Schatzsuche.

Denkmale der Erdgeschichte sind praktisch immer metallfrei und da sie sich aufgrund ihrer herausragenden wissenschaftlichen Bedeutung definieren, handelt es sich hier hauptsächlich um Fossilien und andere entsprechende Steinobjekte, die nicht mit einem Metalldetektor gefunden werden können.

Bodendenkmale sind mit dem Boden verbundene oder im Boden verborgene Sachen, an deren Erhaltung ein öffentliches Interesse wegen ihrer geschichtlichen, künstlerischen, wissenschaftlichen oder städtebaulichen Bedeutung besteht.

Bodendenkmale werden zu beweglichen Denkmalen, wenn sie dem Boden entnommen und entsprechend zu bewegen sind. Ein Hügelgrab beispielsweise kann niemals ein bewegliches Denkmal, aber ein Bodendenkmal sein. Es wäre also ein Kulturdenkmal aus der Kategorie der Bodendenkmale, wenn an der Erhaltung des Hügelgrabes ein öffentliches Interesse wegen seiner geschichtlichen, künstlerischen, wissenschaftlichen oder städtebaulichen Bedeutung bestünde. Sollte kein öffentliches Interesse an der Erhaltung des Hügelgrabes aus den genannten 4 Gründen bestehen, so wäre dieses Hügelgrab kein Bodendenkmal, und somit auch kein Kulturdenkmal.

Beispiel: Eine Goldmünze aus dem Jahre 700 wäre bei Verborgenheit im Boden ein Bodendenkmal, bei Aufdeckung ein bewegliches Denkmal, sofern an deren Erhaltung ein öffentliches Interesse wegen ihrer geschichtlichen, künstlerischen, wissenschaftlichen oder städtebaulichen Bedeutung bestünde.Somit ist es de facto nur möglich, mit einem Metalldetektor nach Kulturdenkmalen in Gestalt von Bodendenkmalen zu suchen, denn diese Objekte sind bei der Suche und dem Auffindezeitpunkt im Boden verborgen oder aber mit dem Boden verbunden. Dies sei nur der Vollständigkeit halber erwähnt, im Weiteren wird vereinfacht von Kulturdenkmal gesprochen.

Relevant ist nun, dass nach dem DSchG ND die im BGB „ungeschützten“ Schätze vereinzelt zu geschützten Objekten werden können. Nämlich zu Kulturdenkmalen. Nachfolgend eine Übersicht zur niedersächsischen Rechtslage von Schatzfunden und der Suche nach diesen.

2. Das Ziel der Suche

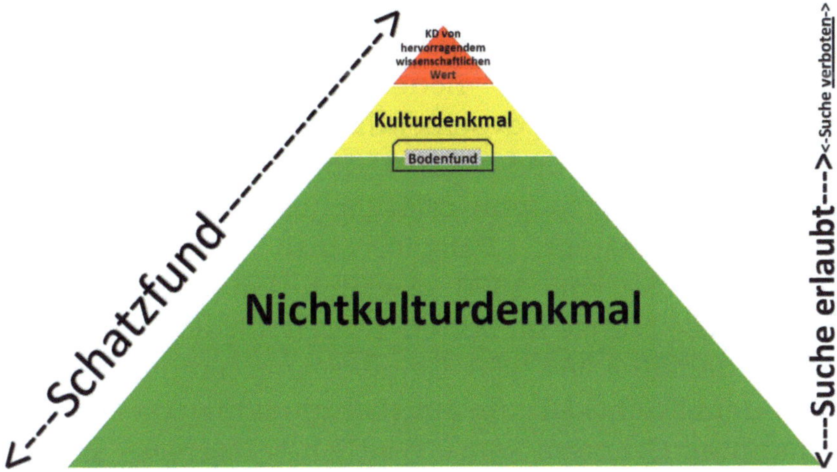

Abbildung 2: Übersicht der denkmalschutzrechtlichen Schatzfundkategorien und Legalität des Ziels der Suche (Niedersachsen). Nicht maßstabsgerecht, siehe f).

Wenn ein Sondengänger in Niedersachsen einen Schatz findet, so handelt es sich denkmalschutzrechtlich entweder um ein

a. Nichtkulturdenkmal oder um ein

b. Kulturdenkmal oder um ein

c. Kulturdenkmal von hervorragendem wissenschaftlichen Wert.

Nichtkulturdenkmal

a) Ein Nichtkulturdenkmal ist ein Schatzfund, der nicht die Schwelle zu einem Kulturdenkmal nach § 3 überschreitet, somit nicht dessen Voraussetzungen erfüllt. Das bedeutet, dass an diesem Schatzfund kein öffentliches Interesse an dessen Erhaltung wegen seiner geschichtlichen, künstlerischen, wissenschaftlichen oder städtebaulichen Bedeutung besteht. Anders gesagt: Die geschichtliche, künstlerische, wissenschaftliche und auch städtebauliche Bedeutung ist so gering, dass kein öffentliches Interesse an der Erhaltung besteht. Beispielsweise sei hier der Reichspfennig von 1898 erwähnt: Ein Schatzsucher findet diese Münze im Boden. Es handelt sich um einen Schatz gemäß § 984 BGB. Des Weiteren handelt es sich nach dem DSchG ND um ein Nichtdenkmal, da aus den genannten Gründen kein öffentliches Interesse an der Erhaltung des dreimillionsten 1 Reichspfennig von 1898 besteht. Die geschichtliche und wissenschaftliche Bedeutung dieser gefundenen Münze ist hinreichend geklärt, da die Auflage dieser Münze mehrere hunderte Millionen Exemplare beträgt, und diese auf zahlreichen Münzauktionen von jedermann erworben werden kann.

Kulturdenkmal

b) Ein Kulturdenkmal ist ein Schatzfund, der die Schwelle zu einem Kulturdenkmal nach § 3 überschreitet, somit dessen Voraussetzungen erfüllt. Das bedeutet, dass an diesem Schatzfund ein öffentliches Interesse an dessen Erhaltung wegen seiner geschichtlichen, künstlerischen, wissenschaftlichen oder städtebaulichen Bedeutung besteht. Anders gesagt: Die geschichtliche, künstlerische, wissenschaftliche oder städtebauliche Bedeutung ist derart ausgeprägt, dass ein öffentliches Interesse an der Erhaltung besteht.

Beispielsweise sei hier eine Goldmünze aus dem Jahre 700 erwähnt: Ein Schatzsucher findet diese Münze im Boden einer ehemaligen Burg. Es handelt sich um einen Schatz gemäß § 984 BGB. Des Weiteren könnte es sich nach dem DSchG ND um ein Kulturdenkmal handeln, wenn aus den genannten Gründen ein öffentliches Interesse an der Erhaltung dieser Goldmünze aus dem Jahre 700 bestünde. Die geschichtliche und wissenschaftliche Bedeutung dieser gefundenen Münze ist eventuell unzureichend geklärt, da es von dieser Münze vielleicht nur 2 Exemplare gibt.

Kulturdenkmal von hervorragendem wissenschaftlichen Wert

c) Ein Kulturdenkmal von hervorragendem wissenschaftlichen Wert ist ein Schatzfund, der die Schwelle zu einem Kulturdenkmal nach § 3 überschreitet, somit dessen Voraussetzungen erfüllt, und zusätzlich die Voraussetzungen für einen hervorragenden wissenschaftlichen Wert gemäß § 18 erfüllt. Das bedeutet, dass an diesem Schatzfund ein öffentliches Interesse an dessen Erhaltung wegen seiner geschichtlichen, künstlerischen, wissenschaftlichen oder städtebaulichen Bedeutung besteht, und zusätzlich ein hervorragender wissenschaftlicher Wert vorhanden ist. Anders gesagt: Die geschichtliche, künstlerische, wissenschaftliche oder städtebauliche Bedeutung ist derart ausgeprägt, dass ein öffentliches Interesse an der Erhaltung besteht, und zusätzlich ist der Wert für die Wissenschaft immens. Die Hürden für eine solche Einstufung eines Schatzfundes sind demnach außerordentlich hoch, und derartige Schatzfunde sind außerordentlich selten. Beispielsweise sei erneut die Goldmünze aus dem Jahre 700 erwähnt: Ein Schatzsucher findet diese Münze im Boden einer ehemaligen Burg. Es handelt sich um einen Schatz gemäß § 984 BGB. Des Weiteren könnte es sich nach dem DSchG ND um ein Kulturdenkmal handeln, wenn aus den genannten Gründen ein öffentliches Interesse an der Erhaltung dieser Goldmünze aus dem Jahre 700 bestünde. Zusätzlich könnte von dieser Münze ein hervorragender wissenschaftlicher Wert ausgehen, bspw. wenn die Burg erstmalig im Jahre 1200 erwähnt wurde, jedoch in der gesamten Region bislang kein Nachweis menschlicher Aktivität vor dem Jahr 1200 gefunden wurde. In diesem Fall könnte die Münze die Geschichte dieser Region um 500 Jahre zurückdatieren, und das Geschichtsbild dieser Region grundlegend verändern.

Bodenfund

d) Die schraffierte Kategorie des Bodenfundes stellt lediglich eine temporäre Behelfskategorie dar. Ein Bodenfund ist nach § 14 (1) ein Schatzfund, bei dem anzunehmen ist, dass es sich um ein Kulturdenkmal handelt, somit die Schwelle zu einem Kulturdenkmal voraussichtlich überschreitet, und dementsprechend dessen Voraussetzungen erfüllen wird. Das bedeutet, dass anzunehmen ist, dass an diesem Schatzfund ein öffentliches Interesse an dessen Erhaltung wegen seiner geschichtlichen, künstlerischen, wissenschaftlichen oder städtebaulichen Bedeutung besteht. Da diese Annahme erst noch bestätigt oder verworfen werden muss, wird dieser Schatzfund anschließend in eine der drei anderen Kategorien eingestuft. Es kann sich also im Nachhinein auch um ein Nichtkulturdenkmal handeln.

e) Die Einstufung, in welche Kategorie der Schatzfund fällt, trifft die Denkmalschutzbehörde. Diese Einstufung kann durch Verwaltungsgerichte und Gutachter bestätigt oder verworfen werden.

f) Es ist zu beachten, dass Abbildung 2 nicht maßstabsgerecht ist: Außerhalb von Kulturdenkmalen und Grabungsschutzgebieten (diese Orte werden im nächsten Abschnitt behandelt) kommt etwa im Durchschnitt auf 25.000 Schatzfunde ein Kulturdenkmal – weil Schatzfunde eben auch Coca-Cola Dose, Alu-Schnipsel, Reichspfennige oder Patronenhülsen sind. Ein Kulturdenkmal von hervorragendem wissenschaftlichen Wert kommt etwa auf 10.000 Kulturdenkmale. Somit ist bei etwa 250 Millionen Schatzfunden einmal ein Kulturdenkmal von hervorragendem wissenschaftlichen Wert dabei. Bei kaum zu erreichenden 50.000 Schatzfunden, für die man bei 50 Suchtagen pro Jahr und pro Suchtag 100 Schatzfunden etwa 10 Lebensjahre benötigen würde, hätte man im Durchschnitt 2 Kulturdenkmale gefunden.

Maßstabsgerecht würde die gelbe Fläche „Kulturdenkmale“ lediglich die kleine Spitze der Pyramide in Abbildung 2 darstellen, die rote Fläche wäre nicht mehr zu sehen. 99,996% aller Schatzfunde sind Nichtkulturdenkmale, 0,004% sind Kulturdenkmale und 0,0000004% aller Schatzfunde sind Kulturdenkmale von hervorragendem wissenschaftlichen Wert. Deshalb suchen und finden Schatzsucher, bei realistischer Betrachtung, nur Schätze, die keine Kulturdenkmale sind.Die Legalität der Schatzsuche mit dem Metalldetektor wird nach dem DSchG ND also zum einen durch 1) das Ziel der Suche (§ 12) abgegrenzt, welches in diesem Abschnitt behandelt wurde.

1) Lediglich die spezielle Suche nach Kulturdenkmalen bedarf der Genehmigung der Denkmalschutzbehörde; die allgemeine Suche nach Nichtkulturdenkmalen bedarf keiner Genehmigung der Denkmalschutzbehörde, wie in Abbildung 2 zu sehen. Dies bedeutet, dass ein Sondengänger, dessen Ziel es ist, Nichtkulturdenkmale zu suchen, keine Genehmigung nach § 12 (häufig als „Nachforschungsgenehmigung“ bezeichnet) benötigt und diese auch nicht beantragen kann. Dieses Ziel der Suche ist denkmalschutzrechtlich legal, es ist erlaubt und deshalb auch nicht bußgeldbewehrt. Wenn ein Sondengänger hingegen nach Kulturdenkmalen suchen will, das Ziel der Suche also Kulturdenkmale sind, so benötigt er eine Genehmigung nach § 12 und kann diese entsprechend beantragen. Dieses Ziel der Suche ist denkmalschutzrechtlich illegal, es ist verboten und bußgeldbewehrt, wenn keine Genehmigung vorliegt.

3. Der Ort der Suche

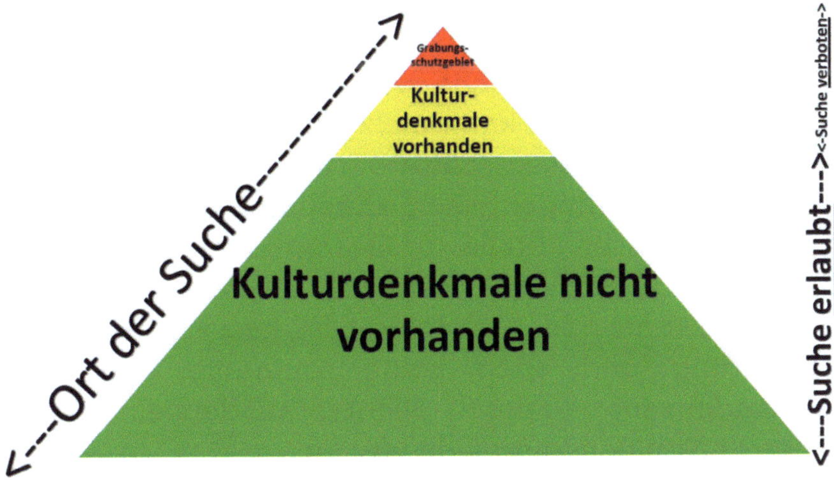

Abbildung 3: Übersicht der denkmalschutzrechtlichen Ortskategorien und Legalität des Orts der Suche (Niedersachsen). Nicht maßstabsgerecht, siehe d).

Wenn ein Sondengänger in Niedersachsen sucht, so handelt es sich denkmalschutzrechtlich entweder um einen Ort an dem a) Kulturdenkmale nicht vorhanden sind oder an dem b) Kulturdenkmale vorhanden sind, vermutet oder angenommen werden (§§ 13, 4 (1)) oder an dem c) Kulturdenkmale von herausragender landes- oder kulturgeschichtlicher Bedeutung vorhanden sind oder vermutet werden (§ 16), sogenannte Grabungsschutzgebiete.

Kulturdenkmale nicht vorhanden

a) Ein Ort, an dem Kulturdenkmale nicht vorhanden sind, ergibt sich nach § 13 dadurch, dass eine Person an dieser Stelle nicht weiß, nicht vermutet und den Umständen nach auch nicht annehmen muss, dass sich dort Kulturdenkmale befinden. Das bedeutet, dass an diesem Ort Kulturdenkmale mit hinreichender Wahrscheinlichkeit nicht vorhanden sind. Anders gesagt: Einer Person kann nicht unterstellt werden, sie hätte wissen müssen, hätte vermuten müssen, oder hätte den Umständen nach annehmen müssen, dass sich an dieser Stelle Kulturdenkmale befinden. Grundsätzlich kann einer Person, die keine Fachkraft für Denkmalschutz oder Archäologie ist, kein Wissen, keine Vermutung und auch keine Annahme über das Vorhandensein oder Nichtvorhandensein von Kulturdenkmalen unterstellt werden.

Allerdings sind gemäß § 4 (1) alle Kulturdenkmale in ein Verzeichnis einzutragen, in das nach § 4 (2) jedermann Einblick nehmen kann. Dieser Einblick muss ermöglicht und kann nicht verwehrt werden. Hierdurch hat jede Person die Möglichkeit, sich über das Vorhandensein und Nichtvorhandensein von Kulturdenkmalen an einem Ort zu informieren, und muss grundsätzlich keine Vermutungen oder Annahmen mehr treffen; es kann ihr somit höchstens Wissen über die ihr zugänglichen Kulturdenkmale des Verzeichnisses unterstellt werden. Beispielsweise kann sich ein Schatzsucher durch Einblick in das Verzeichnis über das Vorhandensein von Kulturdenkmalen informieren, und läuft hierdurch nicht mehr Gefahr, seine Schatzsuche an einer Stelle vorzunehmen, auf der sich Kulturdenkmale befinden.

Kulturdenkmale vorhanden

b) Ein Ort, an dem Kulturdenkmale vorhanden sind, ergibt sich nach § 13 dadurch, dass eine Person an dieser Stelle weiß oder vermutet oder den Umständen nach annehmen muss, dass sich dort Kulturdenkmale befinden. Das bedeutet, dass an diesem Ort Kulturdenkmale mit hinreichender Wahrscheinlichkeit vorhanden sind. Anders gesagt: Einer Person kann unterstellt werden, sie hätte wissen müssen, hätte vermuten müssen, oder hätte den Umständen nach annehmen müssen, dass sich an dieser Stelle Kulturdenkmale befinden. Jedoch kann einer Person, die keine Fachkraft für Denkmalschutz oder Archäologie ist, grundsätzlich kein Wissen, keine Vermutung und auch keine Annahme über das Vorhandensein oder Nichtvorhandensein von Kulturdenkmalen unterstellt werden. Allerdings, und dies ist die zweite Grundlage, aus dem sich ein Ort ergibt, an dem Kulturdenkmale vorhanden sind: Gemäß § 4 (1) sind alle Kulturdenkmale in ein Verzeichnis einzutragen, in das nach § 4 (2) jedermann Einblick nehmen kann.

Dieser Einblick muss ermöglicht und kann nicht verwehrt werden. Hierdurch hat jede Person die Möglichkeit, sich über das Vorhandensein und Nichtvorhandensein von Kulturdenkmalen an einem Ort zu informieren, und muss grundsätzlich keine Vermutungen oder Annahmen mehr treffen; es kann ihr somit höchstens Wissen über die ihr zugänglichen Kulturdenkmale des Verzeichnisses unterstellt werden. Beispielsweise kann sich ein Schatzsucher durch Einblick in das Verzeichnis über das Vorhandensein von

Kulturdenkmalen informieren, und läuft hierdurch nicht mehr Gefahr, seine Schatzsuche an einer Stelle vorzunehmen, auf der sich Kulturdenkmale befinden.

Grabungsschutzgebiete

c) Grabungsschutzgebiete sind nach § 16 abgegrenzte Flächen, in denen Kulturdenkmale von herausragender landes- oder kulturgeschichtlicher Bedeutung vorhanden sind oder vermutet werden. Hier bedürfen alle Arbeiten, die Kulturdenkmale zutagefördern oder gefährden können, einer Genehmigung. Grabungsschutzgebiete werden durch Verordnung erlassen und öffentlich verkündet, weshalb jede Person die Möglichkeit hat, sich über das Vorhandensein von Grabungsschutzgebieten an einem Ort zu informieren. Somit kann sich ein Schatzsucher informieren, wo sich diese Gebiete befinden und sie meiden. Aktuell gibt es 6 Grabungsschutzgebiete in Niedersachsen.

Erläuterung Abbildung

d) Es ist zu beachten, dass Abbildung 3 nicht maßstabsgerecht ist: Die gesamte Landesfläche Niedersachsens beträgt fast 48.000 km^2. Hiervon sind an höchstens 0,975% der Landesfläche Kulturdenkmale vorhanden, der Anteil an Grabungsschutzgebieten an der Landesfläche beträgt sogar nur 0,025%. Somit kann festgehalten werden, dass auf höchstens 1% der gesamten Landesfläche Niedersachsens überhaupt Kulturdenkmale oder Grabungsschutzgebiete vorhanden sind. Auf 99% der Landesfläche hingegen sind Kulturdenkmale nicht vorhanden. Maßstabsgerecht würde in Abbildung 3 die gelbe Fläche „Kulturdenkmale vorhanden“ lediglich die Spitze der Pyramide bis zum Wort “schutzgebiet“ darstellen, die rote Fläche wäre nicht mehr zu sehen. Deshalb suchen Schatzsucher, bei realistischer Betrachtung, nur an Orten, an denen Kulturdenkmale oder Grabungsschutzgebiete nicht vorhanden sind.

Hinweis

e) Anzumerken ist an der Stelle, dass ein Sondengänger z.B. auf einem Acker nur in der zerwühlten Erde des Traktors suchen kann. Der Metalldetektor detektiert nur rund 25 cm tief, der Pflug greift hingegen bis in 50 cm Tiefe ein und dies über viele Jahre. Ein Grab wäre bspw. bereits zerstört. Dass ein Sondengänger auf Äckern überhaupt Kulturdenkmale finden kann, ist relativ zu sehen.

Die Legalität der Schatzsuche mit dem Metalldetektor wird nach dem DSchG ND also zum anderen auch durch 2) den Ort der Suche (§§ 13, 16) bestimmt, der in diesem Abschnitt thematisiert wurde.

1) Lediglich die Suche an Orten, an denen Kulturdenkmale oder Grabungsschutzgebiete vorhanden sind, bedarf der Genehmigung der

Denkmalschutzbehörde; die Suche an Stellen, an denen Kulturdenkmale und Grabungsschutzgebiete nicht vorhanden sind, bedarf keiner Genehmigung der Denkmalschutzbehörde, wie in Abbildung 3 zu sehen. Dies bedeutet, dass ein Sondengänger abseits der Stellen, an denen Kulturdenkmale und Grabungsschutzgebiete vorhanden sind, keine Genehmigung nach §§ 13, 16 benötigt und diese auch nicht beantragen kann. Dieser Ort der Suche ist denkmalschutzrechtlich legal, er ist erlaubt und deshalb auch nicht bußgeldbewehrt. Wenn ein Sondengänger hingegen an Stellen, an denen Kulturdenkmale und Grabungsschutzgebiete vorhanden sind, suchen will, so benötigt er eine Genehmigung nach §§ 13, 16 und kann diese entsprechend beantragen. Dieser Ort der Suche ist denkmalschutzrechtlich illegal, er ist verboten und bußgeldbewehrt, wenn keine Genehmigung vorliegt.

1) Lediglich die Suche an Orten, an denen Kulturdenkmale oder Grabungsschutzgebiete vorhanden sind, bedarf der Genehmigung der Denkmalschutzbehörde; die Suche an Stellen, an denen Kulturdenkmale und Grabungsschutzgebiete nicht vorhanden sind, bedarf keiner Genehmigung der Denkmalschutzbehörde, wie in Abbildung 3 zu sehen. Dies bedeutet, dass ein Sondengänger abseits der Stellen, an denen Kulturdenkmale und Grabungsschutzgebiete vorhanden sind, keine Genehmigung nach §§ 13, 16 benötigt und diese auch nicht beantragen kann. Dieser Ort der Suche ist denkmalschutzrechtlich legal, er ist erlaubt und deshalb auch nicht bußgeldbewehrt. Wenn ein Sondengänger hingegen an Stellen, an denen Kulturdenkmale und

Grabungsschutzgebiete vorhanden sind, suchen will, so benötigt er eine Genehmigung nach §§ 13, 16 und kann diese entsprechend beantragen. Dieser Ort der Suche ist denkmalschutzrechtlich illegal, er ist verboten und bußgeldbewehrt, wenn keine Genehmigung vorliegt.

4. Zusammenfassung

Die Schatzsuche ist in ganz Deutschland rechtlich gesehen nicht bloß die Suche nach der mit Goldmünzen vergrabenen Schatztruhe eines Seeräubers, sondern bereits die Suche nach einer Coca-Cola Dose, die Suche nach dem in Deutschland dreimillionsten vorhandenen Reichspfennig von 1898 oder der Suche nach im Wald verlorenen Patronenhülsen. Nach der Legaldefinition aus § 984 BGB ist nämlich ein Schatz / Schatzfund schlicht „eine Sache, die so lange verborgen gelegen hat, dass der Eigentümer nicht mehr zu ermitteln ist". Und dies trifft auf Müll im Waldboden genauso zu, wie auf einen vor Jahrhunderten vergrabenen Stoffbeutel, prallgefüllt mit Silbermünzen. Wer also nach Schätzen sucht, der sucht und findet in Wahrheit zu mehr als 99,9% Müll. Vor allem, da ein Metalldetektor nur Metall anzeigen kann und dies auch nur bis zu einer Tiefe von etwa 25 cm bei einem Objekt wie einer großen Münze, z.B. einer 5 DM Münze.

Relevant ist nun, dass nach dem Niedersächsischen Denkmalschutzgesetz (DSchG ND, alle Paragrafen ohne Zusatz beziehen sich auf dieses) die im BGB „ungeschützten" Schätze teilweise zu geschützten Objekten werden können. Nämlich zu Kulturdenkmalen. Hierbei kann die Schatzsuche bzw. der Sondengänger mit dem Denkmalschutz kollidieren.

Das DSchG ND stuft alle Schatzfunde in drei Kategorien ein:

- Nichtkulturdenkmal (über 99,99% aller Schatzfunde)
- Kulturdenkmal (weniger als 0,01% aller Schatzfunde)
- Kulturdenkmal von hervorragendem wissenschaftlichen Wert (unter 0,000001% aller Schatzfunde)

Ein Nichtkulturdenkmal ist ein Schatzfund, der nicht die Schwelle zu einem Kulturdenkmal gemäß § 3 überschreitet, somit nicht dessen Voraussetzungen erfüllt. Das bedeutet, dass an diesem Schatzfund kein öffentliches Interesse an dessen Erhaltung wegen seiner geschichtlichen, künstlerischen, wissenschaftlichen oder städtebaulichen Bedeutung besteht. Anders gesagt: Die geschichtliche, künstlerische, wissenschaftliche und auch städtebauliche Bedeutung ist so gering, dass kein öffentliches Interesse an der Erhaltung besteht. Alle Schätze, die diese Schwelle nicht überschreiten, sind Nichtkulturdenkmale, z.B. eine Coca-Cola Dose. Dies sind über 99,99% aller Schatzfunde.

Beispiel: Der Reichspfennig von 1898. Ein Schatzsucher findet diese Münze im Boden. Es handelt sich um einen Schatz gemäß § 984 BGB. Des Weiteren handelt es sich nach dem DSchG ND um ein Nichtdenkmal, da aus den genannten Gründen kein öffentliches Interesse an der Erhaltung des dreimillionsten 1 Reichspfennig von 1898 besteht. Die geschichtliche und wissenschaftliche Bedeutung dieser gefundenen Münze ist hinreichend geklärt, da die Auflage dieser Münze mehrere hunderte Millionen Exemplare beträgt, und diese auf zahlreichen Münzauktionen von jedermann erworben werden kann.

Ein Kulturdenkmal ist ein Schatzfund, der die Schwelle zu einem Kulturdenkmal gemäß § 3 überschreitet, somit dessen Voraussetzungen erfüllt. Das bedeutet, dass an diesem Schatzfund ein öffentliches Interesse an dessen Erhaltung wegen seiner geschichtlichen, künstlerischen, wissenschaftlichen oder städtebaulichen Bedeutung besteht. Anders gesagt: Die geschichtliche, künstlerische, wissenschaftliche oder städtebauliche Bedeutung ist derart ausgeprägt, dass ein öffentliches Interesse an der Erhaltung besteht.

Beispiel: Eine Goldmünze aus dem Jahre 700. Ein Schatzsucher findet diese Münze im Boden einer ehemaligen Burg. Es handelt sich um einen Schatz gemäß § 984 BGB. Des Weiteren könnte es sich nach dem DSchG ND um ein Kulturdenkmal handeln, wenn aus den genannten Gründen ein öffentliches Interesse an der Erhaltung dieser Goldmünze aus dem Jahre 700 bestünde. Die geschichtliche und wissenschaftliche Bedeutung dieser gefundenen Münze ist eventuell unzureichend geklärt, da es von dieser Münze vielleicht nur 2 Exemplare gibt.

Ein Kulturdenkmal von hervorragendem wissenschaftlichen Wert ist ein Schatzfund, der die Schwelle zu einem Kulturdenkmal nach § 3 überschreitet, somit dessen Voraussetzungen erfüllt, und zusätzlich die Voraussetzungen für einen hervorragenden wissenschaftlichen Wert gemäß § 18 erfüllt. Das bedeutet, dass an diesem Schatzfund ein öffentliches Interesse an dessen Erhaltung wegen seiner geschichtlichen, künstlerischen, wissenschaftlichen oder städtebaulichen Bedeutung besteht, und zusätzlich ein hervorragender wissenschaftlicher Wert vorhanden ist. Anders gesagt: Die geschichtliche, künstlerische, wissenschaftliche oder städtebauliche Bedeutung ist derart ausgeprägt, dass ein öffentliches Interesse an der Erhaltung besteht, und zusätzlich ist der Wert für die Wissenschaft immens. Die Hürden für eine solche Einstufung eines Schatzfundes sind demnach außerordentlich hoch, und derartige Schatzfunde sind außerordentlich selten.

Beispiel: Die Goldmünze aus dem Jahre 700. Ein Schatzsucher findet diese Münze im Boden einer ehemaligen Burg. Es handelt sich um einen Schatz gemäß § 984 BGB. Des Weiteren könnte es sich nach dem DSchG ND um ein Kulturdenkmal handeln, wenn aus den genannten Gründen ein öffentliches Interesse an der Erhaltung dieser Goldmünze aus dem Jahre 700 bestünde.

Zusätzlich könnte von dieser Münze ein hervorragender wissenschaftlicher Wert ausgehen, bspw. wenn die Burg erstmalig im Jahre 1200 erwähnt wurde, und in der gesamten Region bislang kein Nachweis menschlicher Aktivität bis ins Jahr 1200 gefunden wurde. In diesem Fall könnte die Münze die Geschichte dieser Region um 500 Jahre zurückdatieren, und das Geschichtsbild dieser Region grundlegend verändern.

Die Einstufung, in welche Kategorie der Schatzfund fällt, trifft die Denkmalschutzbehörde. Diese Einstufung kann durch Verwaltungsgerichte und Gutachter bestätigt oder verworfen werden.

Die Legalität der Schatzsuche mit dem Metalldetektor wird nach dem DSchG ND durch

1. das Ziel der Suche (§ 12) und

2. den Ort der Suche (§§ 13, 16) abgegrenzt.

1) Lediglich die spezielle Suche nach Kulturdenkmalen bedarf der Genehmigung der Denkmalschutzbehörde; die allgemeine Suche nach Nichtkulturdenkmalen bedarf keiner Genehmigung der Denkmalschutzbehörde.

Dies bedeutet, dass ein Sondengänger, dessen Ziel es ist, Nichtkulturdenkmale zu suchen, keine Genehmigung nach § 12 (häufig als „Nachforschungsgenehmigung" bezeichnet) benötigt und diese auch nicht beantragen kann. Dieses Ziel der Suche ist denkmalschutzrechtlich legal, es ist erlaubt und deshalb auch nicht bußgeldbewehrt.

Wenn ein Sondengänger hingegen nach Kulturdenkmalen suchen will, das Ziel der Suche also Kulturdenkmale sind, so benötigt er eine Genehmigung nach § 12 und kann diese entsprechend beantragen. Dieses Ziel der Suche ist denkmalschutzrechtlich illegal, es ist verboten und bußgeldbewehrt, wenn keine Genehmigung vorliegt.

2) Lediglich an Orten, an denen Kulturdenkmale oder Grabungsschutzgebiete vorhanden sind, bedarf ein Schatzsucher der Genehmigung der Denkmalschutzbehörde; an Orten, an denen Kulturdenkmale nicht vorhanden sind, bedarf es keiner Genehmigung der Denkmalschutzbehörde.

Dies bedeutet, dass ein Sondengänger, der an einem Ort sucht, an dem Kulturdenkmale und Grabungsschutzgebiete nicht vorhanden sind, keine Genehmigung nach §§ 13, 16 benötigt und diese auch nicht beantragen kann. Dieser Ort der Suche ist denkmalschutzrechtlich legal, er ist erlaubt und deshalb auch nicht bußgeldbewehrt.

Wenn ein Sondengänger hingegen an einem Ort sucht, an dem Kulturdenkmale oder Grabungsschutzgebiete vorhanden sind, oder sie an diesem Ort vermutet oder annimmt, so benötigt er eine Genehmigung nach §§ 13, 16 und kann diese entsprechend beantragen. Dieser Ort der Suche ist denkmalschutzrechtlich illegal, er ist verboten und bußgeldbewehrt, wenn keine Genehmigung vorliegt.

Grundsätzlich kann einer Person, die keine Fachkraft für Denkmalschutz oder Archäologie ist, kein Wissen, keine Vermutung und auch keine Annahme über das Vorhandensein oder Nichtvorhandensein von Kulturdenkmalen unterstellt werden. Allerdings sind alle derzeit 6 Grabungsschutzgebiete öffentlich einsehbar, und gemäß § 4 (1) sind alle Kulturdenkmale in ein Verzeichnis einzutragen, in das nach § 4 (2) jedermann Einblick nehmen kann. Dieser Einblick muss ermöglicht und kann nicht verwehrt werden. Hierdurch hat jede Person die Möglichkeit, sich über das Vorhandensein und Nichtvorhandensein von Kulturdenkmalen an einem Ort zu informieren, und muss grundsätzlich keine Vermutungen oder Annahmen mehr treffen; es kann ihr somit höchstens Wissen über die ihr zugänglichen Kulturdenkmale des Verzeichnisses unterstellt werden.

6. Fazit

Daher muss bei der grundsätzlich genehmigungsfreien Schatzsuche mit dem Metalldetektor in Niedersachsen darauf geachtet werden, was das Ziel der Suche ist, und an welchem Ort die Suche erfolgt. Genehmigungsfrei darf nach Nichtkulturdenkmalen gesucht werden und an Orten, an denen Kulturdenkmale nicht vorhanden sind. Dementsprechend darf genehmigungsfrei „nur" nach den 99,99% an Schätzen gesucht werden, die Nichtkulturdenkmale sind, und nicht nach allen Schätzen, die nämlich auch die etwa 0,01% Kulturdenkmale beinhalten. Dementsprechend darf genehmigungsfrei „nur" auf 99% der Landesfläche gesucht werden, da auf 99% der Landesfläche Kulturdenkmale nicht vorhanden sind, und nicht auf der gesamten Landesfläche, die nämlich auch die etwa 1% Landesfläche beinhaltet, auf denen Kulturdenkmale oder Grabungsschutzgebiete vorhanden sind. Um zu wissen, an welchen Orten Kulturdenkmale vorhanden sind, kann Einblick in das Verzeichnis genommen werden, in das alle Kulturdenkmale einzutragen sind. Somit hat ein Schatzsucher die Möglichkeit, denkmalschutzrechtlich legal und genehmigungsfrei an Orten, an denen Kulturdenkmale nicht vorhanden sind, nach Nichtkulturdenkmalen zu suchen. An 99% der Orte darf nach 99,99% aller Schätze gesucht werden. Pauschal zu unterstellen, ein Sondengänger suche auf jeden Fall an geschützten Orten oder nach geschützten Objekten ist eine Falschbehauptung und stellt eine starke Vereinfachung eines komplexen Sachverhaltes dar.

Anders gesagt: Ein Schatzsucher darf denkmalschutzrechtlich ohne Probleme nicht geschützte Objekte an nicht geschützten Orten suchen. Deshalb suchen und finden Schatzsucher, bei realistischer Betrachtung, nur Schätze, die keine Kulturdenkmale sind, und suchen nur an Orten, an denen Kulturdenkmale oder Grabungsschutzgebiete nicht vorhanden sind. Die Schatzsuche mit dem Metalldetektor in Niedersachsen ist folglich erlaubt, unterliegt jedoch ein paar Regeln, die unbedingt beachtet werden müssen.

7. Literaturhinweise

- **Bürgerliches Gesetzbuch**
  https://dejure.org/gesetze/BGB/984.html
- **Niedersächsisches Denkmalschutzgesetz**
  http://www.voris.niedersachsen.de/jportal/?quelle=jlink&query=DSchG+ND&psml=bsvorisprod.psml&max=true&aiz=true
- **Schatzsucher.Wiki** - Die Schatzsucher Enzyklopädie
  https://www.schatzsucher.wiki